Eichhörnchen

Inhaltsverzeichnis

Passend zu diesem Themenheft erhalten Sie **kostenlos Animationen** und **interaktive Angebote** für die Kinder.

Einfach den QR-Code scannen.

Vorwort

Ob im Garten, Park oder Wald: Eichhörnchen sind bei uns in Deutschland fast überall zu Hause. Gemeinsam mit den Kindern lässt sich gut beobachten, wie sie blitzschnell Baumstämme hinaufklettern oder oben in den Baumwipfeln geschickt von Ast zu Ast springen.
In diesem Themenheft lernen die Kinder alles Wichtige rund um diese flinken Nagetiere. Die Themenschwerpunkte „Der Körperbau des Eichhörnchens", „Die Nahrung des Eichhörnchens", „So lebt das Eichhörnchen" und „Das Eichhörnchen im Jahreslauf" werden in drei unterschiedlichen Schwierigkeitsstufen angeboten. Sie sind durch Symbole (= leicht, = mittel, = schwer) gekennzeichnet. Diese Arbeitsblätter eignen sich gut zur inneren Differenzierung, für inklusiven Unterricht, verschiedene Jahrgangsstufen oder als vorbereitende oder vertiefende Hausaufgabe. Im Anschluss an die Themenschwerpunkte finden Sie weitere Angebote zu dem Thema.
In einer Lernzielkontrolle können die Kinder abschließend ihr erworbenes Wissen über Eichhörnchen testen.

Ich wünsche Ihnen mit Ihrer Klasse viel Spaß bei diesem Projekt!

Teresa Zabori

Hinweise

Allgemeine Infos über Eichhörnchen
Eichhörnchen sind Einzelgänger. Ursprünglich sind diese tagaktiven Nagetiere in Laub-, Nadel- und Mischwäldern beheimatet, allerdings lassen sie sich bei uns auch oft in Parks und Gärten beobachten.
Ihr Körper ist mit einem dichten, meist fuchsroten oder schwarz-braunen Fell bedeckt. Nur die Brust und der Bauch sind weiß gefärbt. Im Winter wird das Fell noch dichter und an den Ohren wachsen längere Haarbüschel, die sogenannten „Ohrpinsel".
Anders als zum Beispiel Igel machen Eichhörnchen keinen Winterschlaf. Man sagt, Eichhörnchen halten „Winterruhe". Die kalten Monate verbringen sie zwar größtenteils ebenfalls schlafend in ihrem runden Nest, dem Kobel, jedoch wachen sie von Zeit zu Zeit auf und suchen Stellen in der Nähe von Bäumen auf, an denen sie im Herbst ihre Vorräte vergraben haben.
In einem Kobel, dem Wurfkobel, kommen auch die Jungen zur Welt, die bei der Geburt noch nackt, blind und taub sind (Nesthocker). Erst nach rund einem Monat öffnen sie die Augen und mit sechs Wochen verlassen sie zum ersten Mal den Kobel. Anschließend bleiben sie noch einige Monate in der Nähe der Mutter.

Besonders junge Eichhörnchen haben viele Feinde (Baummarder, Katzen, Wiesel, Vögel ...), sodass die meisten Tiere das erste Lebensjahr nicht vollenden. Durchschnittlich werden Eichhörnchen etwa drei Jahre alt; in Gefangenschaft können sie auch ein Alter von bis zu zehn Jahren erreichen.

Informative Internetadressen:
www.deutschewildtierstiftung.de/wildtiere/eichhoernchen/
http://eichhoernchen-schutz.de/

Vorwort des Verlages

Liebe Kolleginnen, liebe Kollegen,

mit dem Themen-Heft **Eichhörnchen** aus der Themenheft-Reihe haben Sie eine Materialsammlung erworben, die Ihnen aufgrund des Aufbaus vielfältige Einsatzmöglichkeiten bietet:

- Einsatz als Themenheft, als Projekt oder auch als Werkstatt (durch die beigefügte Blanko-Auftragskarte)
- Fächerübergreifende Bearbeitung des Themas
- Arbeitsblätter zu den **Themenschwerpunkten** entsprechend Lehrplan Sachunterricht und Deutsch
- Dreifache Differenzierung dieser Arbeitsblätter
  – zur inneren Differenzierung
  – zur vorbereitenden oder vertiefenden Hausaufgabe
  – für verschiedene Jahrgangsstufen
  – für jahrgangsübergreifende Lerngruppen
  – für inklusiven Unterricht
- Die Reihenfolge der Themenschwerpunkte kann variiert werden.
- Weiterführendes Arbeiten über das Kernthema hinaus durch (nicht differenzierte) Arbeitsblätter zu **Zusatzthemen**

Zu Ihrer Arbeitserleichterung enthält dieses Heft eine Lernzielkontrolle zur Überprüfung des erlernten Wissens der Kinder zum Thema sowie Vorschläge für die Gruppenarbeit.

Wir wünschen Ihnen viel Erfolg bei der Arbeit mit dem Themenheft „Eichhörnchen".

Ihr BVK Buch Verlag Kempen

Vorschläge für die Gruppenarbeit

Eichhörnchen sind eigentlich so gut wie allen Kindern bekannt. Zum **Einstieg** in das Thema bieten sich zum Beispiel die folgenden Möglichkeiten an:

- Erstellen einer Mindmap an der Tafel zum Thema
- Bild von einem Eichhörnchen an die Wand projizieren („stummer Impuls")
- Bild von einem Eichhörnchen auf Folie kopieren, einzelne Teile verdecken, die Abdeckung nach und nach entfernen. Die Kinder raten, was auf der Abbildung dargestellt ist und äußern ihre Gedanken dazu.
- Die Kinder werden in Kleingruppen eingeteilt. Jeder Gruppe wird eine DIN-A3-Seite mit der Abbildung eines Eichhörnchens ausgehändigt. Die Kinder malen oder notieren auf den Blättern ihre Gedanken zum Thema. Anschließend stellen sie diese in der Klasse vor.
- Eckengespräch: Die Klasse wird in vier Gruppen (pro Gruppe maximal sechs Kinder) aufgeteilt. In jeder Ecke des Klassenraums werden ein großes Plakat (DIN A1 oder DIN A2), zwei dicke Buntstifte sowie eine jeweils andere Frage zum Thema „Eichhörnchen" bereitgelegt. Mögliche Fragen sind zum Beispiel: Wie sieht ein Eichhörnchen aus? Wo lebt das Eichhörnchen? Was frisst das Eichhörnchen? Was macht das Eichhörnchen im Winter?
  Die Kinder jeder Gruppe sollen darüber ins Gespräch kommen und ihre Ergebnisse auf dem Plakat festhalten. Nach etwa fünf Minuten wechseln die Gruppen jeweils die Ecken. Das Eckengespräch ist beendet, wenn jede Gruppe einmal in jeder Ecke war.

RÜCKMELDUNG

Liebe / r ____ ,
so hast du beim Thema „Eichhörnchen“ gearbeitet:

	🙂	😐	🙁
Du hast konzentriert gearbeitet.			
Du hast selbstständig gearbeitet.			
Du hast deine Arbeiten beendet.			
Du hast dich an Unterrichtsgesprächen beteiligt.			
Du hast deine Mappe in Ordnung gehalten.			

Kommentar:

✂ ....

Auftragskarte zu Werkbereich

Eichhörnchen

Übersicht über die Themenschwerpunkte

Themenschwerpunkt	Schwierigkeitsgrad			
	einfach	mittel	schwer	Seite
Der Körperbau des Eichhörnchens	Wie sieht ein Eichhörnchen aus?	Die Körperteile des Eichhörnchens	Das Eichhörnchen – unter die Lupe genommen	7
Die Nahrung des Eichhörnchens	Was frisst das Eichhörnchen?	Die Nahrung des Eichhörnchens	Futter für das Eichhörnchen	11
So lebt das Eichhörnchen	Wo sind die Eichhörnchen?	So lebt das Eichhörnchen	Wo wohnt das Eichhörnchen?	14
Das Eichhörnchen im Jahreslauf	Das Eichhörnchen-Jahr	Das Eichhörnchen im Jahreslauf	Ein Jahr mit den Eichhörnchen	18

Übersicht über die zusätzlichen Angebote

Lernangebote	Seite
Welche Feinde hat das Eichhörnchen?	21
Nachwuchs bei den Eichhörnchen	22
Mein Eichhörnchen-Buch	24
Das Eichhörnchen im Winter	25
Was hast du behalten?	26

Name: ______________________________ Datum: ______________

Wie sieht ein Eichhörnchen aus?

Aufgaben

1. Schneide die Puzzleteile aus. Setze sie richtig zusammen.
2. Klebe das Puzzle auf ein Blatt.
3. Lies die Wörter und verbinde richtig.
4. Male das Eichhörnchen dann an: Der Körper ist rotbraun. Der Bauch ist weiß.

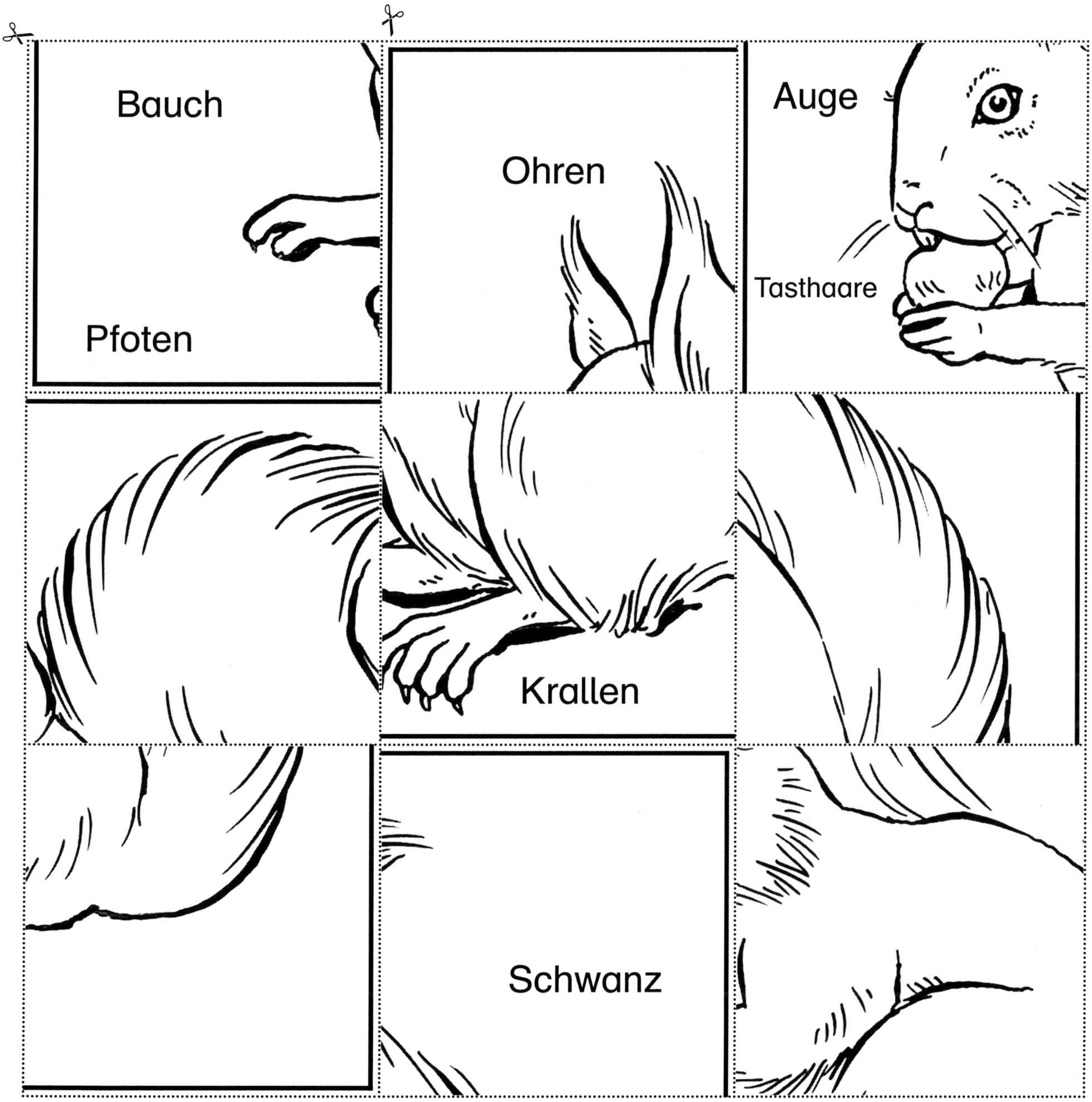

Bauch

Pfoten

Ohren

Auge

Tasthaare

Krallen

Schwanz

Name: ______________________ Datum: __________

Die Körperteile des Eichhörnchens

Schwanz – Hinterpfoten – Auge – Bauch –
Vorderpfoten – Krallen – Ohren – Tasthaare

Aufgaben

1. Sieh dir das Bild gut an.
   Lies die Namen der Körperteile.
2. Schreibe sie auf die richtigen Linien.

Zusatzaufgabe:
Überlege mit einem Partner:
Wozu braucht das Eichhörnchen seine Krallen?
Ihr könnt auch in einem Tierlexikon oder im Internet nachlesen.

BVK • Teresa Zabori: Themenheft „Eichhörnchen"

Name: ______________________________ Datum: ______________

Das Eichhörnchen – unter die Lupe genommen (1)

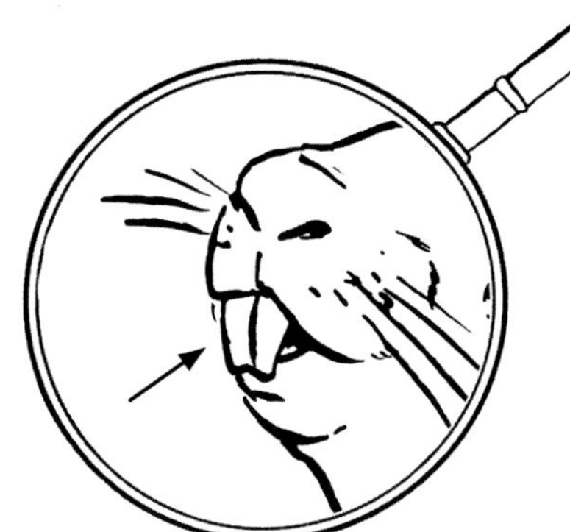

Das Eichhörnchen hat kräftige Zähne. Damit kann es gut Nüsse knacken.

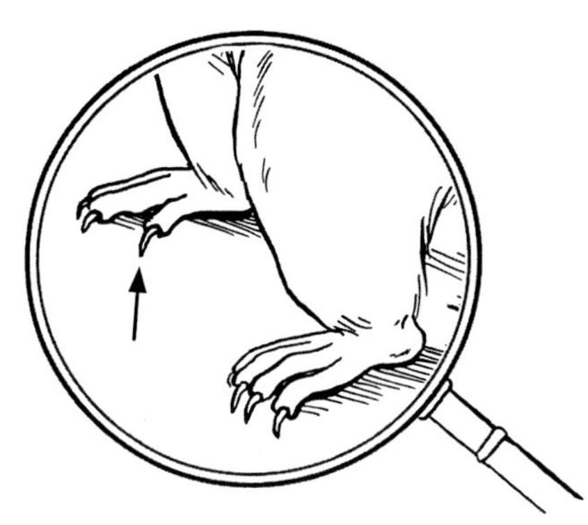

An den Pfoten befinden sich scharfe Krallen. Damit klettert das Eichhörnchen schnell einen Baumstamm hinauf oder hinunter.

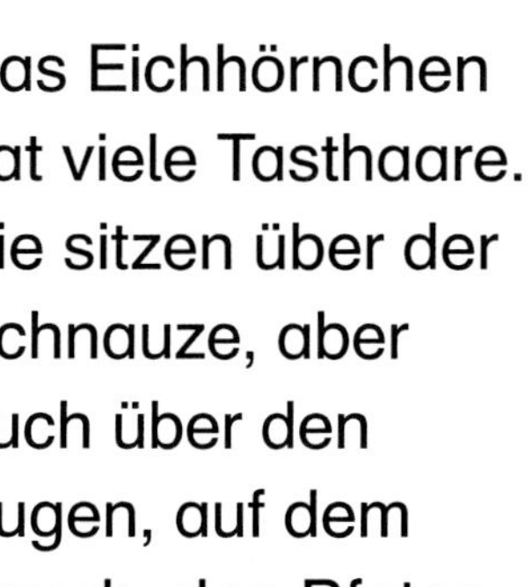

Das Eichhörnchen hat viele Tasthaare. Sie sitzen über der Schnauze, aber auch über den Augen, auf dem Bauch, den Pfoten und dem Schwanz.

Mit dem buschigen Schwanz hält das Eichhörnchen das Gleichgewicht, wenn es über Äste läuft. Der Schwanz hilft dem Eichhörnchen auch beim Springen und funktioniert so ähnlich wie ein Fallschirm. Zum Schlafen kuschelt sich das Eichhörnchen in den Schwanz ein.

Aufgaben

1. Sieh dir die Körperteile des Eichhörnchens gut an.
2. Lies die Sätze neben den Lupen.

Name: ______________________________ Datum: ______________

Das Eichhörnchen – unter die Lupe genommen (2)

1. Das Eichhörnchen hat ...

... lila Ohren.	T
... einen langen Hals.	R
... kräftige Zähne.	K

2. Mit den Zähnen kann es gut ...

... klettern.	Ä
... Nüsse knacken.	Ö
... klappern.	Ü

3. Der Schwanz ist ...

... lang und buschig.	R
... kurz und dick.	P
... ohne Haare.	S

4. An den Pfoten hat das Eichhörnchen ...

... sechs Finger.	M
... kurze Borsten.	I
... scharfe Krallen.	P

5. An vielen Stellen am Körper hat das Eichhörnchen ...

... Fühler.	U
... Haartaster.	A
... Tasthaare.	E

Lösungssatz: Der Schwanz des Eichhörnchens ist fast

genauso lang wie der ___ ___ ___ ___ ___ R .
1. 2. 3. 4. 5.

Aufgaben

1. Lies die Sätze oben. Was ist richtig? ☒ Kreuze an und ○ kreise den richtigen Buchstaben ein.
2. Schreibe das Lösungswort auf die Linien.

Name: ______________________________ Datum: ______________

Was frisst das Eichhörnchen?

Aufgaben

1. Schneide die Bilder aus. Wie heißen die Dinge?
2. Klebe sie in das Bild vom Eichhörnchen.

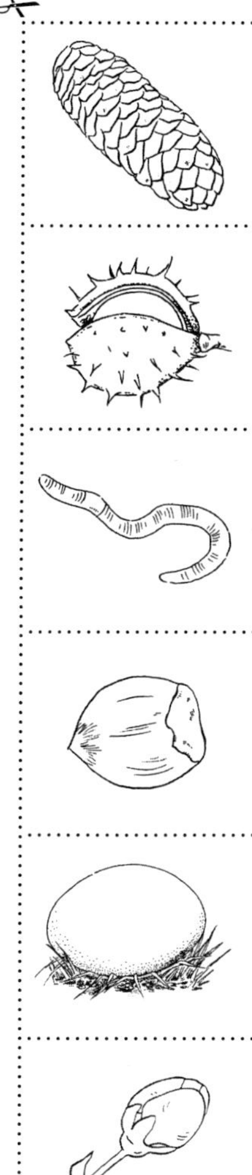

Name: ______________________ Datum: ____________

Die Nahrung des Eichhörnchens

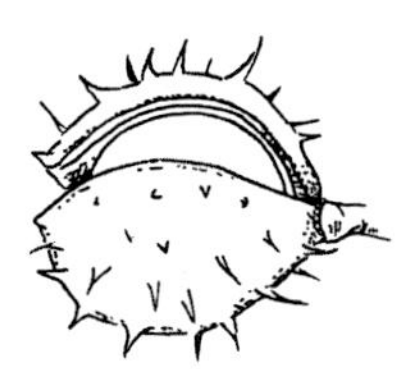

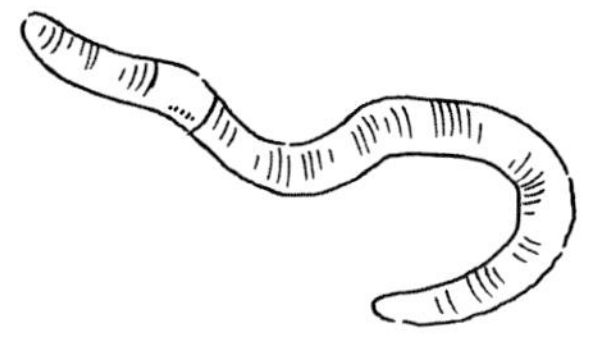

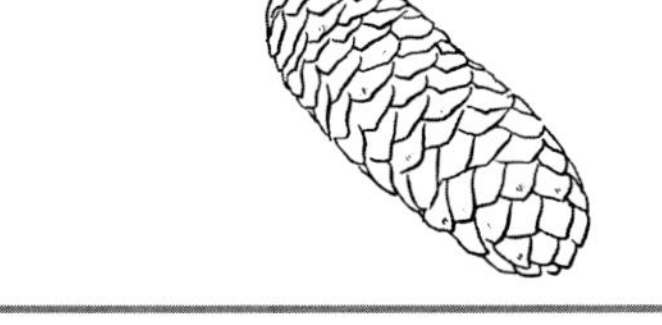

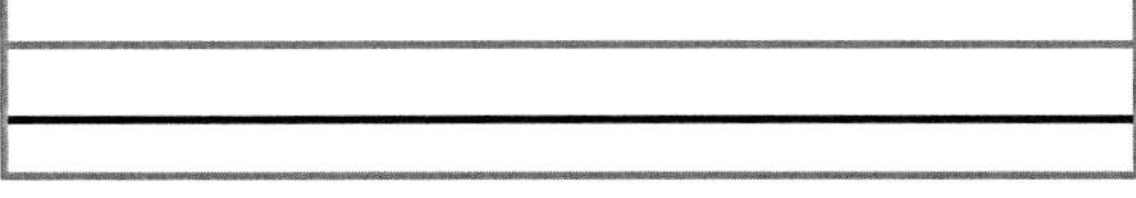

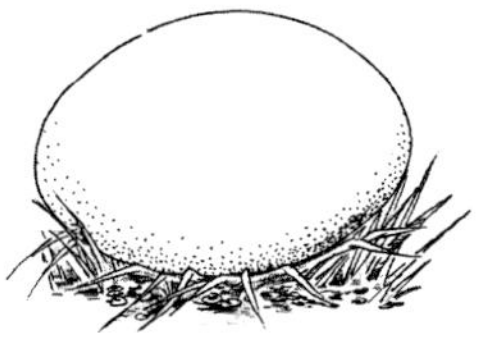

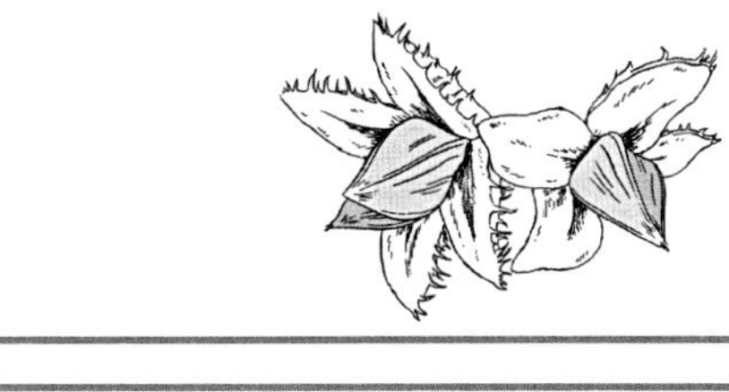

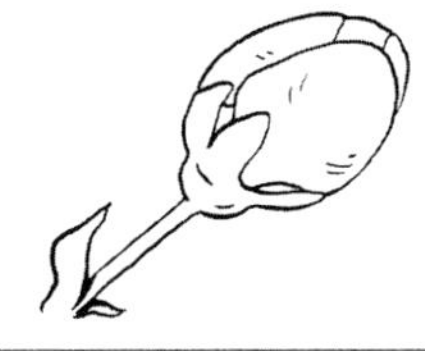

Nuss – Tannenzapfen – Vogelei – Wurm – Kastanie – Buchecker – Knospe – Himbeere

Aufgaben

Hier siehst du, was das Eichhörnchen frisst.

1. Schaue dir die Bilder gut an.
2. Schreibe die richtigen Wörter auf die Linien.

Name: ______________________________ Datum: ______________

Futter für das Eichhörnchen

Ich fresse fast alles, was es im Wald gibt: zum Beispiel Beeren, Knospen, Bucheckern oder Kastanien. Besonders lecker schmecken Tannenzapfen. Die Zapfen nage ich ab, bis nur noch ein kleiner Rest übrig ist. Außerdem fresse ich gern Haselnüsse und Walnüsse. Die Nüsse kann ich mit meinen starken Zähnen leicht knacken. Aber ich ernähre mich nicht nur von Pflanzen, sondern auch von kleinen Tieren wie Insekten, Schnecken, Würmern oder jungen Vögeln. Und auch Vogeleier sind für mich ein richtiger Leckerbissen! Mir schmecken sogar Pilze, die für euch Menschen giftig sind!

	richtig	**falsch**
1. Das Eichhörnchen ernährt sich nur von Pflanzen.	TA	AL
2. Es frisst Tiere und Pflanzen.	LE	MO
3. Das Eichhörnchen mag keine Kastanien.	KI	SF
4. Es frisst die Tannenzapfen ganz auf.	SO	RE
5. Das Eichhörnchen knackt gerne Haselnüsse und Walnüsse.	SS	TT
6. Es frisst auch Pilze, die für Menschen giftig sind.	ER	EN

Lösungssatz: Das Eichhörnchen ist ein

____ ____ ____ ____ ____ ____
1. 2. 3. 4. 5. 6.

Aufgaben

1. Lies, was das Eichhörnchen gerne frisst.
2. Lies nun die Sätze. Sind sie richtig oder falsch?
   ○ Umkreise die richtigen Buchstaben.
   Schreibe das Lösungswort auf die Linien.
3. Gestalte eine Speisekarte für das Eichhörnchen auf einem Blatt. Male und schreibe.

Name: ______________________________ Datum: ______________

Wo sind die Eichhörnchen?

So viele Eichhörnchen sind es: ☐

Aufgaben

1. Sieh dir das Bild an. Kannst du alle Eichhörnchen finden?
   ○ Kreise sie ein. Zähle sie.
   Schreibe die Zahl in das Kästchen.
2. Male dann das Bild bunt an.

BVK • Teresa Zabori: Themenheft „Eichhörnchen"

Name: ______________________ Datum: __________

So lebt das Eichhörnchen

Das Eichhörnchen wohnt in einem Nest. Das Nest heißt Kobel.	
Es springt von Ast zu Ast.	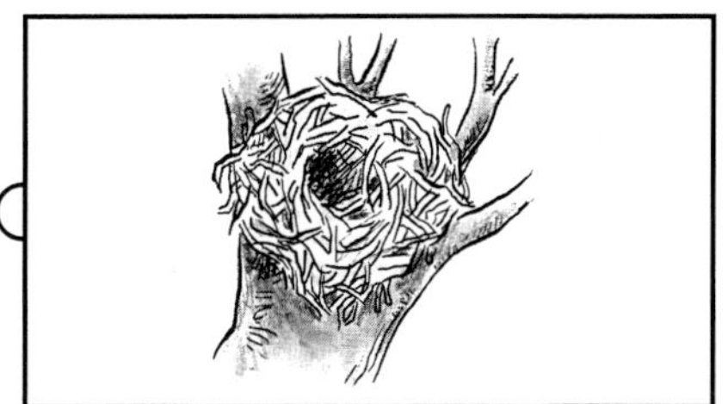
Das Eichhörnchen frisst Tannenzapfen.	
Es klettert den Baumstamm hoch.	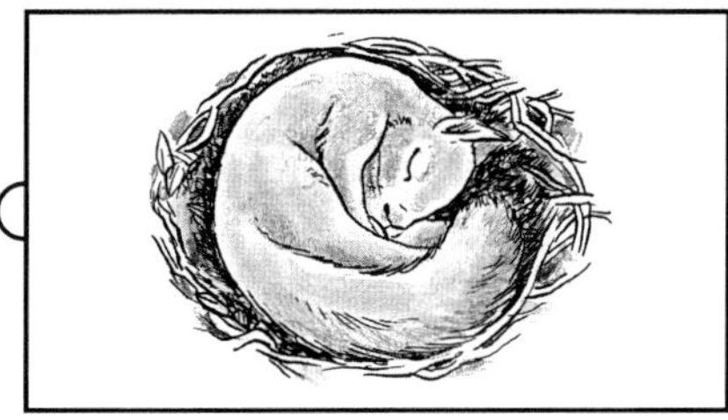
In der Nacht schläft das Eichhörnchen.	
Die jungen Eichhörnchen kommen im Kobel zur Welt.	

Aufgaben

1. Lies die Sätze.
2. Sieh dir die Bilder gut an. Was passt zusammen?
   Verbinde.

Name: ______________________ Datum: ____________

Wo wohnt das Eichhörnchen? (1)

Das Eichhörnchen wohnt in einem *Kobel.*
Das ist ein kugelrundes Nest.
Das Eichhörnchen baut den Kobel hoch oben in einem Baum zwischen den Ästen.
Der Kobel besteht aus Zweigen, Nadeln und Blättern.
Das Eichhörnchen polstert ihn innen mit Moos und Gras aus.
Deshalb ist es dort schön weich und im Winter warm.

Im Kobel werden auch die jungen Eichhörnchen geboren.
Dort sind sie vor Regen und Kälte gut geschützt.
Das Eichhörnchen baut nicht nur einen, sondern mehrere Kobel:
In einem der Nester schläft es und in den anderen ruht es sich tagsüber aus.

Aufgaben

1. Lies den Text. Hast du alles gut verstanden?
   Dann löse das Kreuzworträtsel auf Arbeitsblatt 2.
2. Schreibe das Lösungswort auf die Linien.

Name: ______________________ Datum: ____________

Kreuzworträtsel: Wo wohnt das Eichhörnchen? (2)

1. Das Nest des Eichhörnchens heißt …
2. Der Kobel befindet sich hoch oben im Baum zwischen den …
3. Er besteht aus Zweigen, Nadeln und …
4. Innen polstert das Eichhörnchen den Kobel mit Gras und … aus.
5. Im Winter ist es dort weich und …
6. Im Kobel kommen auch die … zur Welt.
7. Der Kobel schützt sie vor Kälte und … .

Lösungswort: ___ ___ ___ ___ ___ ___
1. 2. 3. 4. 5. 6.

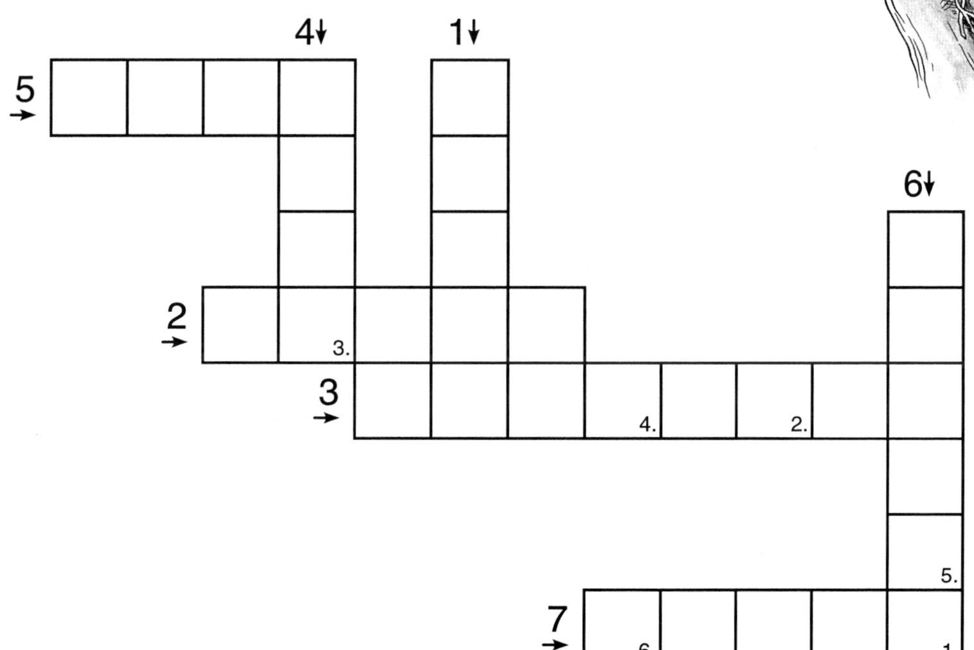

Aufgabe

Löse das Kreuzworträtsel. Wenn alles richtig ist, erhältst du ein Lösungswort. Schreibe es auf die Linien.

Name: ______________________ Datum: ______________

Das Eichhörnchen-Jahr

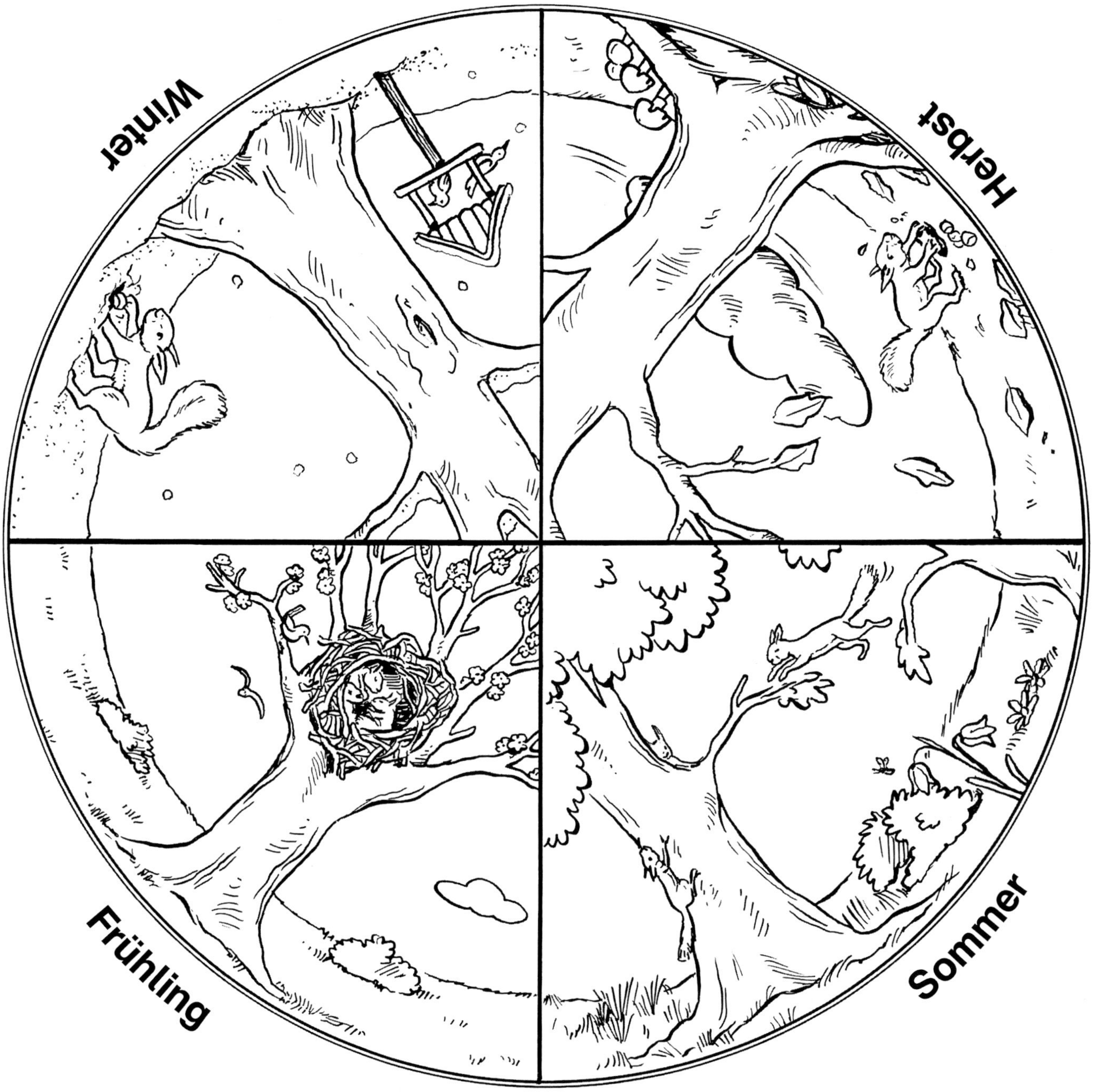

Winter

Herbst

Frühling

Sommer

Aufgaben

1. Sieh dir die Bilder an.
2. Lies die Namen der Jahreszeiten.
3. Suche dir einen Partner.
   Erzählt euch, was die Eichhörnchen machen.
4. Malt die Bilder bunt an.

BVK • Teresa Zabori: Themenheft „Eichhörnchen“

Name: ______________________ Datum: ____________

Das Eichhörnchen im Jahreslauf

Im **Frühling** kommen die Jungen zur Welt. Sie sind nackt und blind.	Im **Sommer** wachsen die Jungen heran.	Im **Herbst** vergräbt das Eichhörnchen die Vorräte für den Winter.	Im **Winter** schläft das Eichhörnchen viel. Manchmal wacht es auf. Dann gräbt es seine Vorräte aus.

Aufgaben

1. Lies die Sätze.
2. Schneide die Bilder unten aus.
   Ordne sie richtig zu und klebe sie auf.
3. Male die Bilder bunt.

Name: ______________________ Datum: ____________

Ein Jahr mit den Eichhörnchen

Aufgaben

1. Sieh dir die Bilder an.
   Wie sieht ein Jahr bei den Eichhörnchen aus?
2. Schreibe Sätze zu den Bildern.

BVK • Teresa Zabori: Themenheft „Eichhörnchen"

Name: ______________________ Datum: ____________

Welche Feinde hat das Eichhörnchen?

K a e t z

B m a au m r d e r

h u U

W i e l s e

L c s u h

H a c i b h t

Aufgaben

1. Weißt du, wie die Feinde des Eichhörnchens heißen? Bringe die Buchstaben in die richtige Reihenfolge.
2. Schreibe die Namen auf die Linien.

Name: ______________________ Datum: ____________

Nachwuchs bei den Eichhörnchen

Aufgaben

1. Lies die Sätze und schaue dir die Bilder an.
2. Male die Bilder an.
3. Schneide die Bilder aus und bringe sie in die richtige Reihenfolge.
4. Schreibe die Zahlen 1 – 5 in die Kreise.
5. Klebe die Bilder in der richtigen Reihenfolge auf ein Blatt.

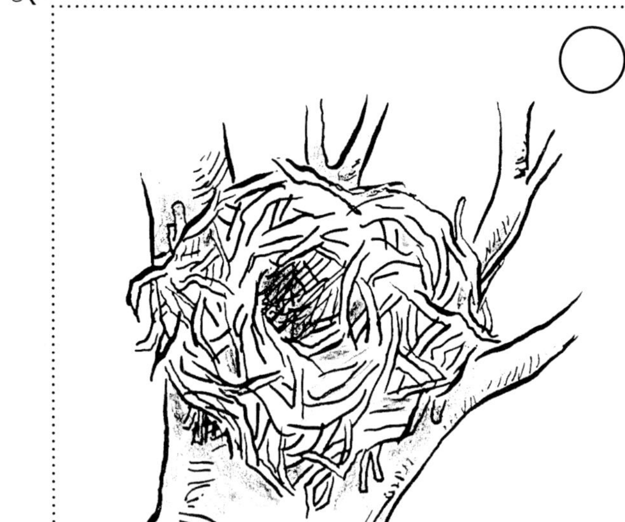

Für die Geburt kriecht das Weibchen in einen Kobel.

Mit neun Wochen suchen die Jungen nach Nahrung.

Name: ______________________ Datum: ____________

Die Jungen kriechen zum ersten Mal aus dem Kobel. Sie sind sechs Wochen alt.

Das Männchen und das Weibchen laufen hintereinander her. Danach paaren sie sich.

Nach einigen Monaten sind die Jungen erwachsen.

Die kleinen Eichhörnchen kommen im Kobel zur Welt. Sie sind taub und blind.

Name: ____________________ Datum: ____________

Mein Eichhörnchen-Buch

Aufgaben

1. Bastle dir ein Eichhörnchen-Buch.
2. Schneide die Seiten aus und lege sie aufeinander. Du kannst sie zusammentackern oder lochen und auf einen Heftstreifen ziehen.

Mein Eichhörnchen-Buch

Name: ____________________

So lebt das Eichhörnchen

Male die Bilder an.

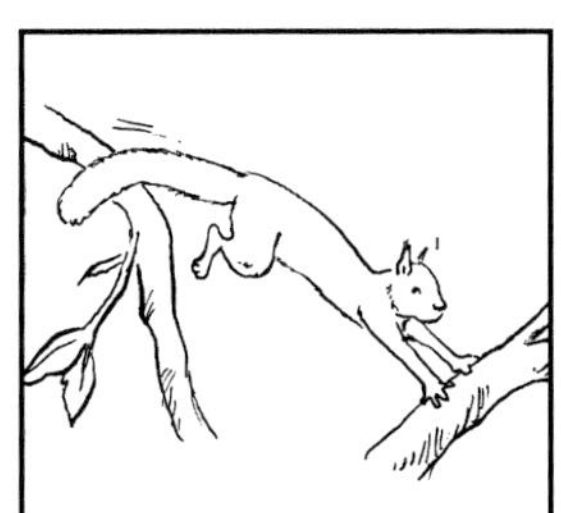

Das frisst das Eichhörnchen

Male die Bilder an.

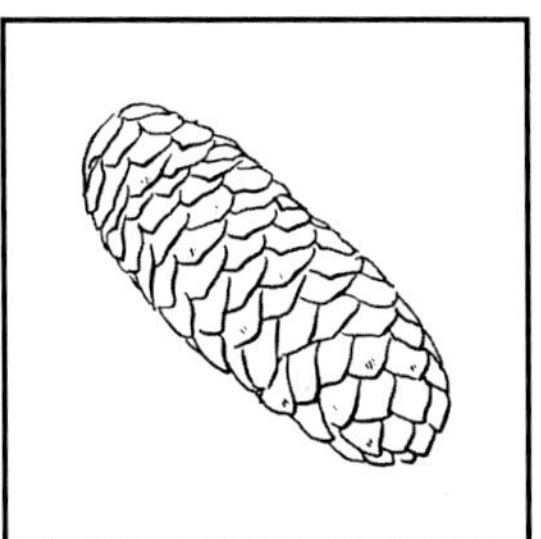

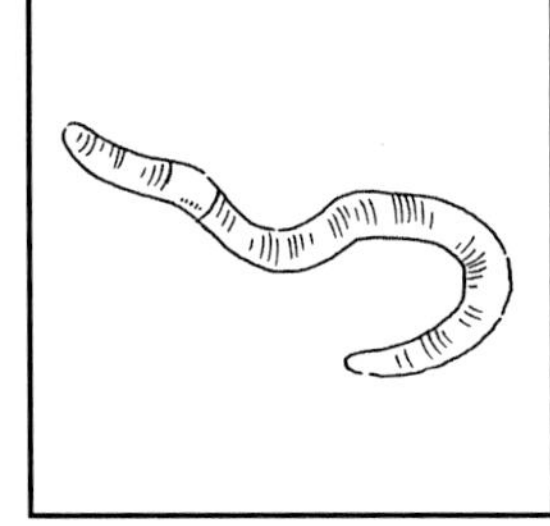

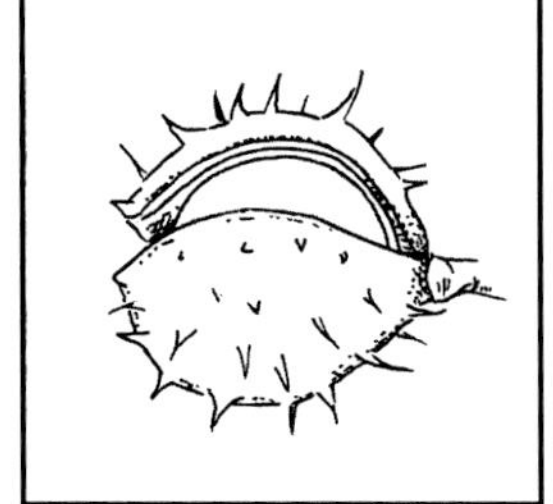

Die Feinde des Eichhörnchens

Male die Bilder an.

Name: ______________________________ Datum: ______________

Das Eichhörnchen im Winter

Im Winter   das Eichhörnchen viel.

Man sagt, es hält Winterruhe. Manchmal bekommt es Hunger.

Dann kriecht es aus dem  ______________ heraus.

Es sucht eine Stelle, an der es seine  ______________

versteckt hat. Dann gräbt das Eichhörnchen die Nahrung aus.

Viele Vorräte findet das  ______________

aber nicht wieder. Die übrigen Samen keimen in der

 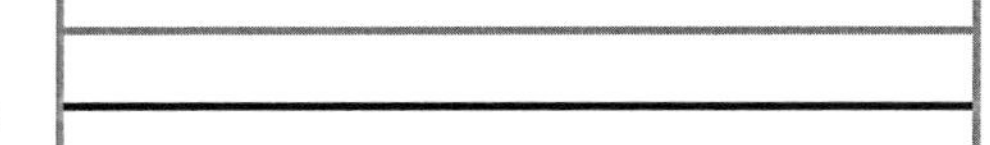 .

Aus ihnen wachsen neue  ______________ .

Das Eichhörnchen pflanzt also neue Bäume!

Erde – Vorräte – Bäume – Eichhörnchen – Kobel – schläft

Aufgaben

1. Lies den Lückentext.
2. Schreibe die richtigen Wörter auf die Linien. Die Wörter im Kasten helfen dir.

* **Nachdenkaufgabe:**
Warum ist das Eichhörnchen nützlich für den Wald?

Name: ______________________________ Datum: ______________

Was hast du behalten?

1. Schreibe die Namen der Körperteile des Eichhörnchens auf die Linien.

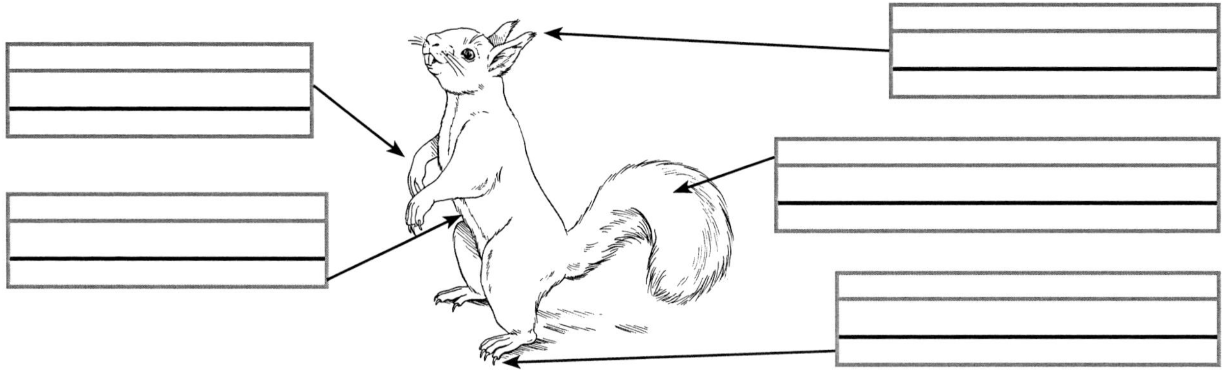

Schwanz – Bauch – Ohren – Pfoten – Krallen

2. Was frisst das Eichhörnchen? Male an.
   Streiche die falschen Bilder durch.

 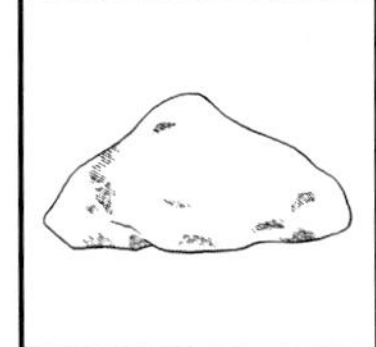 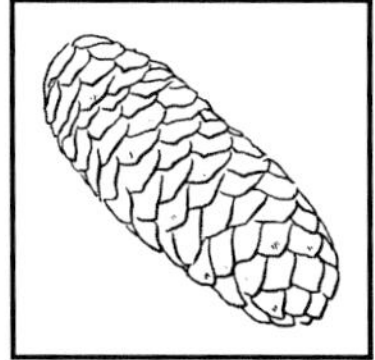 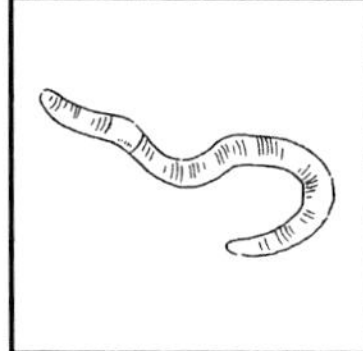 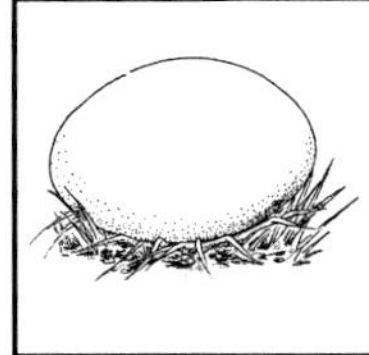 

3. Was ist richtig? ☒ Kreuze an.
   Das Eichhörnchen lebt auf Bäumen.
   In der Nacht ist das Eichhörnchen wach.
   Es kann gut klettern.
   Das Nest heißt Kobel.

4. Schreibe die richtige Jahreszeit zu den Bildern:
   Frühling – Sommer – Herbst – Winter

______________ ______________ ______________ ______________

Lösungen (1)

zu S. 8: „Die Körperteile des Eichhörnchens“

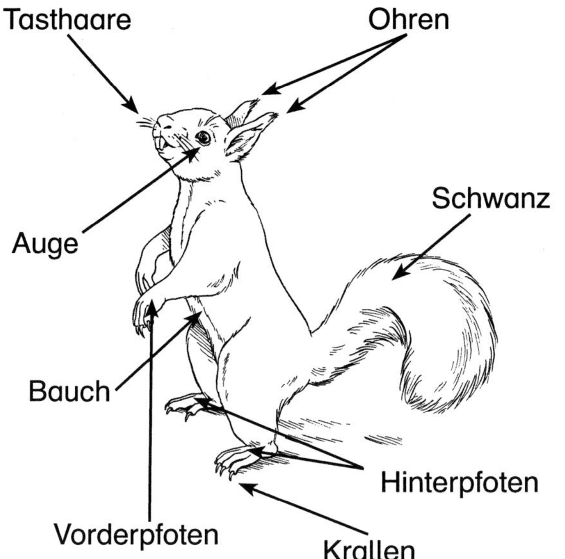

zu S. 10: „Das Eichhörnchen – unter die Lupe genommen (2)“

1. **Das Eichhörnchen hat** kräftige Zähne. **K**
2. **Mit den Zähnen kann es gut** Nüsse knacken. **Ö**
3. **Der Schwanz ist** lang und buschig. **R**
4. **An den Pfoten hat das Eichhörnchen** scharfe Krallen. **P**
5. **An vielen Stellen am Körper hat das Eichhörnchen** Tasthaare. **E**

Lösungssatz: Der Schwanz des Eichhörnchens ist fast genauso lang wie der **KÖRPER.**

zu S. 13: „Futter für das Eichhörnchen“

Lösungssatz: Das Eichhörnchen ist ein **ALLESFRESSER.**

zu S. 14: „Wo sind die Eichhörnchen?“

So viele Eichhörnchen sind es: 10

zu S. 15: „So lebt das Eichhörnchen“

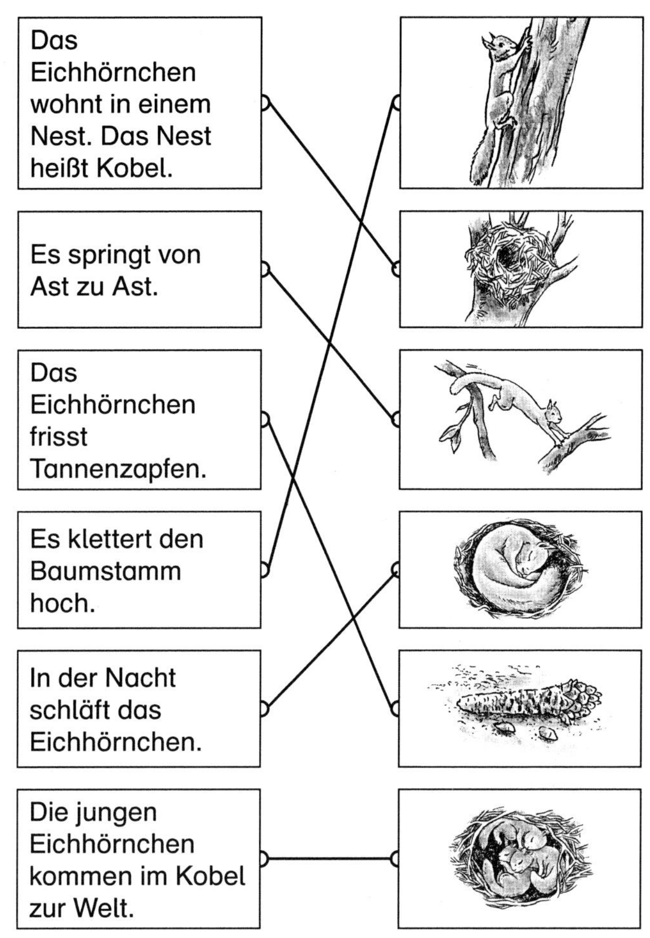

zu S. 17: „Kreuzworträtsel: Wo wohnt das Eichhörnchen? (2)“

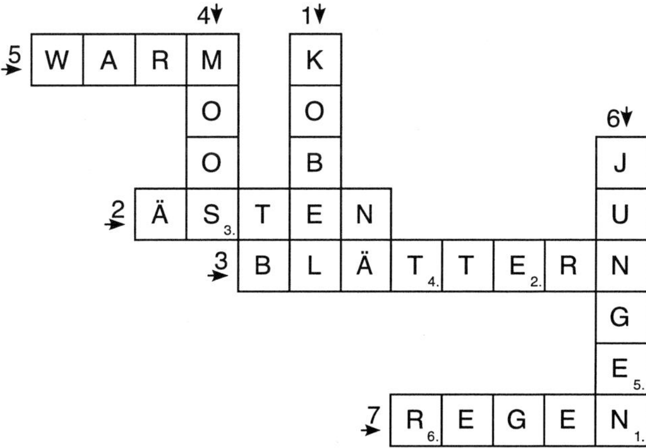

Lösungswort: NESTER

Lösungen (2)

zu S. 19: „Das Eichhörnchen im Jahreslauf"

zu S. 21: „Welche Feinde hat das Eichhörnchen?"

Katze, Baummarder, Uhu, Wiesel, Luchs, Habicht

zu S. 25: „Das Eichhörnchen im Winter"

Im Winter **schläft** das Eichhörnchen viel. Man sagt, es hält Winterruhe. Manchmal bekommt es Hunger. Dann kriecht es aus dem **Kobel** heraus.
Es sucht eine Stelle, an der es seine **Vorräte** versteckt hat. Dann gräbt das Eichhörnchen die Nahrung aus.
Viele Vorräte findet das **Eichhörnchen** aber nicht wieder. Die übrigen Samen keimen in der **Erde.** Aus ihnen wachsen neue **Bäume**. Das Eichhörnchen pflanzt also neue Bäume!

zu S. 26: „Was hast du behalten?"

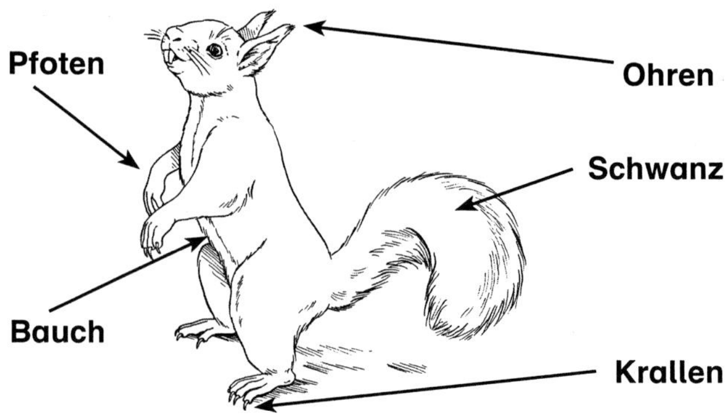

2. Was frisst das Eichhörnchen?

3. Was ist richtig? ☒ Kreuze an.

☒ Das Eichhörnchen lebt auf Bäumen.
☒ Es kann gut klettern.
☐ In der Nacht ist das Eichhörnchen wach.
☒ Das Nest heißt Kobel.

4. Frühling, Herbst, Winter, Sommer